Renate Sültz & Uwe H. Sültz

WAS KOMMT WANN?

Mein TV-Notizbuch

BoD - Books on Demand

Norderstedt 2016

Bibliografische Information durch die Deutsche Nationalbibliothek

Die Deutsche Nationalbibliothek verzeichnet diese Publikation in der Deutschen Nationalbibliografie; detaillierte bibliografische Daten sind im Internet über http://dnb.dnb.de abrufbar.

Herstellung und Verlag: BoD – Books on Demand, Norderstedt

ISBN 978-3-837-07940-1

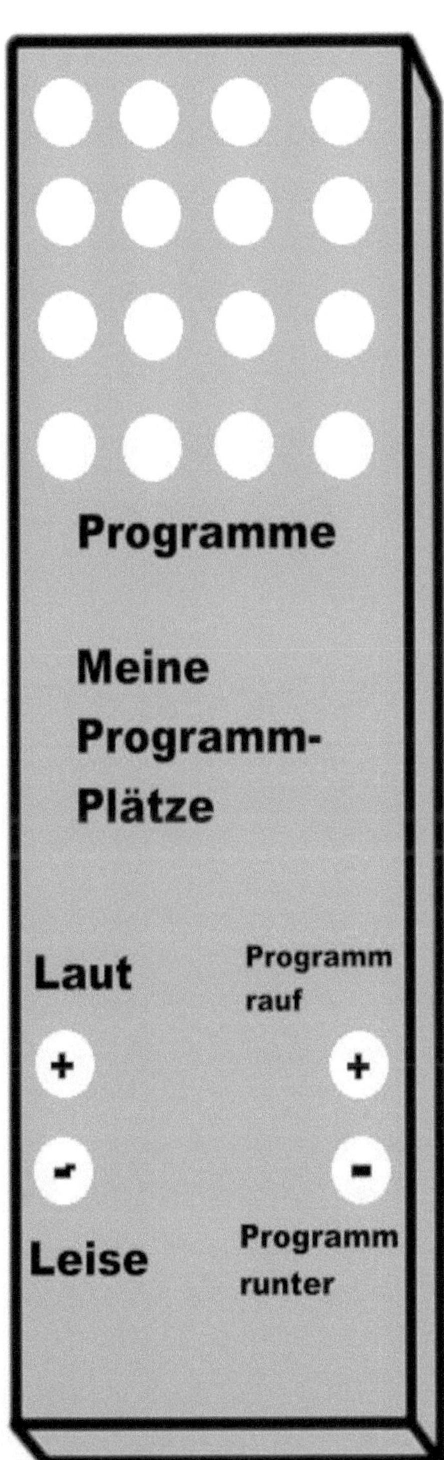

Programmplatz

1

2

3

4

5

6

7

8

9

10

11

12

13

14

15

Meine Lieblingssendungen am

MONTAG DIENSTAG MITTWOCH DONNERSTAG FREITAG SAMSTAG SONNTAG

Uhrzeit Sendung Programmplatz auf der Fernsteuerung

Meine Lieblingssendungen am

MONTAG DIENSTAG MITTWOCH DONNERSTAG FREITAG SAMSTAG SONNTAG

Uhrzeit Sendung Programmplatz auf der Fernsteuerung

Meine Lieblingssendungen am

MONTAG DIENSTAG MITTWOCH DONNERSTAG FREITAG SAMSTAG SONNTAG

Uhrzeit	Sendung	Programmplatz auf der Fernsteuerung

Meine Lieblingssendungen am

MONTAG DIENSTAG MITTWOCH DONNERSTAG FREITAG SAMSTAG SONNTAG

Uhrzeit Sendung Programmplatz auf der Fernsteuerung

Meine Lieblingssendungen am

MONTAG DIENSTAG MITTWOCH DONNERSTAG FREITAG SAMSTAG SONNTAG

Uhrzeit Sendung

Programmplatz auf
der Fernsteuerung

Meine Lieblingssendungen am

MONTAG DIENSTAG MITTWOCH DONNERSTAG FREITAG SAMSTAG SONNTAG

Uhrzeit Sendung

Programmplatz auf
der Fernsteuerung

Meine Lieblingssendungen am

MONTAG DIENSTAG MITTWOCH DONNERSTAG FREITAG SAMSTAG SONNTAG

⚫ ⚫ ⚫ ⚫ ⚫ ⚫ ⚫

Uhrzeit	Sendung	Programmplatz auf der Fernsteuerung

Meine Lieblingssendungen am

MONTAG DIENSTAG MITTWOCH DONNERSTAG FREITAG SAMSTAG SONNTAG

Uhrzeit Sendung

Programmplatz auf
der Fernsteuerung

Meine Lieblingssendungen am

MONTAG DIENSTAG MITTWOCH DONNERSTAG FREITAG SAMSTAG SONNTAG

Uhrzeit Sendung Programmplatz auf der Fernsteuerung

Meine Lieblingssendungen am

MONTAG DIENSTAG MITTWOCH DONNERSTAG FREITAG SAMSTAG SONNTAG

Uhrzeit Sendung Programmplatz auf der Fernsteuerung

Meine Lieblingssendungen am

MONTAG DIENSTAG MITTWOCH DONNERSTAG FREITAG SAMSTAG SONNTAG

Uhrzeit **Sendung** Programmplatz auf der Fernsteuerung

Meine Lieblingssendungen am

MONTAG DIENSTAG MITTWOCH DONNERSTAG FREITAG SAMSTAG SONNTAG

Uhrzeit Sendung

Programmplatz auf der Fernsteuerung

Meine Lieblingssendungen am

MONTAG DIENSTAG MITTWOCH DONNERSTAG FREITAG SAMSTAG SONNTAG

● ● ● ● ● ● ●

Uhrzeit	Sendung	Programmplatz auf der Fernsteuerung

Meine Lieblingssendungen am

MONTAG DIENSTAG MITTWOCH DONNERSTAG FREITAG SAMSTAG SONNTAG

Uhrzeit Sendung

Programmplatz auf
der Fernsteuerung

Meine Lieblingssendungen am

MONTAG DIENSTAG MITTWOCH DONNERSTAG FREITAG SAMSTAG SONNTAG

Uhrzeit Sendung

Programmplatz auf
der Fernsteuerung

Meine Lieblingssendungen am

MONTAG DIENSTAG MITTWOCH DONNERSTAG FREITAG SAMSTAG SONNTAG

Uhrzeit Sendung

Programmplatz auf der Fernsteuerung

Meine Lieblingssendungen am

MONTAG DIENSTAG MITTWOCH DONNERSTAG FREITAG SAMSTAG SONNTAG

Uhrzeit Sendung

Programmplatz auf der Fernsteuerung

Meine Lieblingssendungen am

MONTAG DIENSTAG MITTWOCH DONNERSTAG FREITAG SAMSTAG SONNTAG

Uhrzeit Sendung Programmplatz auf der Fernsteuerung

Meine Lieblingssendungen am

Uhrzeit Sendung

Programmplatz auf der Fernsteuerung

Meine Lieblingssendungen am

MONTAG DIENSTAG MITTWOCH DONNERSTAG FREITAG SAMSTAG SONNTAG

Uhrzeit Sendung

Programmplatz auf
der Fernsteuerung

Meine Lieblingssendungen am

MONTAG DIENSTAG MITTWOCH DONNERSTAG FREITAG SAMSTAG SONNTAG

Uhrzeit	Sendung	Programmplatz auf der Fernsteuerung

Meine Lieblingssendungen am

MONTAG DIENSTAG MITTWOCH DONNERSTAG FREITAG SAMSTAG SONNTAG

Uhrzeit Sendung

Programmplatz auf
der Fernsteuerung

Meine Lieblingssendungen am

MONTAG DIENSTAG MITTWOCH DONNERSTAG FREITAG SAMSTAG SONNTAG

Uhrzeit Sendung

Programmplatz auf der Fernsteuerung

Meine Lieblingssendungen am

MONTAG DIENSTAG MITTWOCH DONNERSTAG FREITAG SAMSTAG SONNTAG

Uhrzeit Sendung

Programmplatz auf der Fernsteuerung

Meine Lieblingssendungen am

MONTAG DIENSTAG MITTWOCH DONNERSTAG FREITAG SAMSTAG SONNTAG

Uhrzeit Sendung

Programmplatz auf der Fernsteuerung

Meine Lieblingssendungen am

MONTAG DIENSTAG MITTWOCH DONNERSTAG FREITAG SAMSTAG SONNTAG

Uhrzeit Sendung Programmplatz auf der Fernsteuerung

Meine Lieblingssendungen am

MONTAG DIENSTAG MITTWOCH DONNERSTAG FREITAG SAMSTAG SONNTAG

Uhrzeit Sendung

Programmplatz auf
der Fernsteuerung

Meine Lieblingssendungen am

MONTAG DIENSTAG MITTWOCH DONNERSTAG FREITAG SAMSTAG SONNTAG

Uhrzeit Sendung

Programmplatz auf der Fernsteuerung

Meine Lieblingssendungen am

Uhrzeit **Sendung** Programmplatz auf der Fernsteuerung

Meine Lieblingssendungen am

MONTAG DIENSTAG MITTWOCH DONNERSTAG FREITAG SAMSTAG SONNTAG

Uhrzeit Sendung

Programmplatz auf
der Fernsteuerung

Meine Lieblingssendungen am

MONTAG DIENSTAG MITTWOCH DONNERSTAG FREITAG SAMSTAG SONNTAG

Uhrzeit Sendung

Programmplatz auf der Fernsteuerung

Meine Lieblingssendungen am

MONTAG DIENSTAG MITTWOCH DONNERSTAG FREITAG SAMSTAG SONNTAG

Uhrzeit Sendung

Programmplatz auf der Fernsteuerung

Meine Lieblingssendungen am

MONTAG DIENSTAG MITTWOCH DONNERSTAG FREITAG SAMSTAG SONNTAG

Uhrzeit Sendung

Programmplatz auf

der Fernsteuerung

Meine Lieblingssendungen am

MONTAG DIENSTAG MITTWOCH DONNERSTAG FREITAG SAMSTAG SONNTAG

Uhrzeit Sendung

Programmplatz auf der Fernsteuerung

Meine Lieblingssendungen am

MONTAG DIENSTAG MITTWOCH DONNERSTAG FREITAG SAMSTAG SONNTAG

Uhrzeit Sendung Programmplatz auf der Fernsteuerung

Meine Lieblingssendungen am

MONTAG DIENSTAG MITTWOCH DONNERSTAG FREITAG SAMSTAG SONNTAG

Uhrzeit Sendung Programmplatz auf der Fernsteuerung

Meine Lieblingssendungen am

MONTAG DIENSTAG MITTWOCH DONNERSTAG FREITAG SAMSTAG SONNTAG

Uhrzeit **Sendung** Programmplatz auf der Fernsteuerung

Meine Lieblingssendungen am

MONTAG DIENSTAG MITTWOCH DONNERSTAG FREITAG SAMSTAG SONNTAG

Uhrzeit Sendung

Programmplatz auf der Fernsteuerung

Meine Lieblingssendungen am

MONTAG DIENSTAG MITTWOCH DONNERSTAG FREITAG SAMSTAG SONNTAG

Uhrzeit Sendung

Programmplatz auf der Fernsteuerung

Meine Lieblingssendungen am

MONTAG DIENSTAG MITTWOCH DONNERSTAG FREITAG SAMSTAG SONNTAG

Uhrzeit Sendung Programmplatz auf der Fernsteuerung

Meine Lieblingssendungen am

MONTAG DIENSTAG MITTWOCH DONNERSTAG FREITAG SAMSTAG SONNTAG

Uhrzeit Sendung Programmplatz auf der Fernsteuerung

Meine Lieblingssendungen am

MONTAG DIENSTAG MITTWOCH DONNERSTAG FREITAG SAMSTAG SONNTAG

Uhrzeit Sendung

Programmplatz auf der Fernsteuerung

Meine Lieblingssendungen am

MONTAG DIENSTAG MITTWOCH DONNERSTAG FREITAG SAMSTAG SONNTAG

Uhrzeit Sendung Programmplatz auf der Fernsteuerung

Meine Lieblingssendungen am

MONTAG DIENSTAG MITTWOCH DONNERSTAG FREITAG SAMSTAG SONNTAG

Uhrzeit Sendung Programmplatz auf der Fernsteuerung

Meine Lieblingssendungen am

MONTAG DIENSTAG MITTWOCH DONNERSTAG FREITAG SAMSTAG SONNTAG

Uhrzeit Sendung Programmplatz auf der Fernsteuerung

Meine Lieblingssendungen am

MONTAG DIENSTAG MITTWOCH DONNERSTAG FREITAG SAMSTAG SONNTAG

Uhrzeit Sendung Programmplatz auf der Fernsteuerung

Meine Lieblingssendungen am

MONTAG DIENSTAG MITTWOCH DONNERSTAG FREITAG SAMSTAG SONNTAG

Uhrzeit Sendung

Programmplatz auf
der Fernsteuerung

Meine Lieblingssendungen am

MONTAG DIENSTAG MITTWOCH DONNERSTAG FREITAG SAMSTAG SONNTAG

Uhrzeit Sendung

Programmplatz auf
der Fernsteuerung

Meine Lieblingssendungen am

MONTAG DIENSTAG MITTWOCH DONNERSTAG FREITAG SAMSTAG SONNTAG

Uhrzeit Sendung Programmplatz auf der Fernsteuerung

Meine Lieblingssendungen am

MONTAG DIENSTAG MITTWOCH DONNERSTAG FREITAG SAMSTAG SONNTAG

Uhrzeit Sendung

Programmplatz auf der Fernsteuerung

Meine Lieblingssendungen am

Uhrzeit Sendung Programmplatz auf der Fernsteuerung

Meine Lieblingssendungen am

MONTAG DIENSTAG MITTWOCH DONNERSTAG FREITAG SAMSTAG SONNTAG

Uhrzeit Sendung Programmplatz auf der Fernsteuerung

Meine Lieblingssendungen am

MONTAG DIENSTAG MITTWOCH DONNERSTAG FREITAG SAMSTAG SONNTAG

Uhrzeit Sendung Programmplatz auf der Fernsteuerung

Meine Lieblingssendungen am

MONTAG DIENSTAG MITTWOCH DONNERSTAG FREITAG SAMSTAG SONNTAG

Uhrzeit **Sendung** Programmplatz auf der Fernsteuerung

Meine Lieblingssendungen am

MONTAG DIENSTAG MITTWOCH DONNERSTAG FREITAG SAMSTAG SONNTAG

Uhrzeit Sendung Programmplatz auf der Fernsteuerung

Meine Lieblingssendungen am

MONTAG DIENSTAG MITTWOCH DONNERSTAG FREITAG SAMSTAG SONNTAG

Uhrzeit Sendung

Programmplatz auf der Fernsteuerung

Meine Lieblingssendungen am

MONTAG DIENSTAG MITTWOCH DONNERSTAG FREITAG SAMSTAG SONNTAG

Uhrzeit **Sendung** Programmplatz auf der Fernsteuerung

Meine Lieblingssendungen am

MONTAG DIENSTAG MITTWOCH DONNERSTAG FREITAG SAMSTAG SONNTAG

Uhrzeit Sendung Programmplatz auf der Fernsteuerung

Meine Lieblingssendungen am

MONTAG DIENSTAG MITTWOCH DONNERSTAG FREITAG SAMSTAG SONNTAG

Uhrzeit Sendung Programmplatz auf der Fernsteuerung

Meine Lieblingssendungen am

MONTAG DIENSTAG MITTWOCH DONNERSTAG FREITAG SAMSTAG SONNTAG

Uhrzeit Sendung

Programmplatz auf
der Fernsteuerung

Meine Lieblingssendungen am

MONTAG DIENSTAG MITTWOCH DONNERSTAG FREITAG SAMSTAG SONNTAG

Uhrzeit	Sendung	Programmplatz auf der Fernsteuerung

Meine Lieblingssendungen am

MONTAG DIENSTAG MITTWOCH DONNERSTAG FREITAG SAMSTAG SONNTAG

Uhrzeit Sendung

Programmplatz auf der Fernsteuerung

Meine Lieblingssendungen am

MONTAG DIENSTAG MITTWOCH DONNERSTAG FREITAG SAMSTAG SONNTAG

Uhrzeit Sendung

Programmplatz auf
der Fernsteuerung

Meine Lieblingssendungen am

MONTAG DIENSTAG MITTWOCH DONNERSTAG FREITAG SAMSTAG SONNTAG

Uhrzeit Sendung
Programmplatz auf
der Fernsteuerung

Meine Lieblingssendungen am

MONTAG DIENSTAG MITTWOCH DONNERSTAG FREITAG SAMSTAG SONNTAG

Uhrzeit Sendung

Programmplatz auf
der Fernsteuerung

Meine Lieblingssendungen am

MONTAG DIENSTAG MITTWOCH DONNERSTAG FREITAG SAMSTAG SONNTAG

Uhrzeit Sendung Programmplatz auf der Fernsteuerung

Meine Lieblingssendungen am

MONTAG DIENSTAG MITTWOCH DONNERSTAG FREITAG SAMSTAG SONNTAG

Uhrzeit Sendung

Programmplatz auf
der Fernsteuerung

Meine Lieblingssendungen am

MONTAG DIENSTAG MITTWOCH DONNERSTAG FREITAG SAMSTAG SONNTAG

Uhrzeit Sendung

Programmplatz auf
der Fernsteuerung

Meine Lieblingssendungen am

MONTAG DIENSTAG MITTWOCH DONNERSTAG FREITAG SAMSTAG SONNTAG

Uhrzeit Sendung

Programmplatz auf der Fernsteuerung

Meine Lieblingssendungen am

MONTAG DIENSTAG MITTWOCH DONNERSTAG FREITAG SAMSTAG SONNTAG

Uhrzeit Sendung

Programmplatz auf
der Fernsteuerung

Meine Lieblingssendungen am

MONTAG DIENSTAG MITTWOCH DONNERSTAG FREITAG SAMSTAG SONNTAG

Uhrzeit Sendung

Programmplatz auf der Fernsteuerung

Meine Lieblingssendungen am

MONTAG DIENSTAG MITTWOCH DONNERSTAG FREITAG SAMSTAG SONNTAG

Uhrzeit **Sendung** Programmplatz auf der Fernsteuerung

Meine Lieblingssendungen am

MONTAG DIENSTAG MITTWOCH DONNERSTAG FREITAG SAMSTAG SONNTAG

Uhrzeit Sendung Programmplatz auf der Fernsteuerung

Meine Lieblingssendungen am

MONTAG DIENSTAG MITTWOCH DONNERSTAG FREITAG SAMSTAG SONNTAG

Uhrzeit Sendung Programmplatz auf der Fernsteuerung

Meine Lieblingssendungen am

MONTAG DIENSTAG MITTWOCH DONNERSTAG FREITAG SAMSTAG SONNTAG

Uhrzeit Sendung

Programmplatz auf
der Fernsteuerung

Meine Lieblingssendungen am

MONTAG DIENSTAG MITTWOCH DONNERSTAG FREITAG SAMSTAG SONNTAG

Uhrzeit	Sendung	Programmplatz auf der Fernsteuerung

Meine Lieblingssendungen am

MONTAG DIENSTAG MITTWOCH DONNERSTAG FREITAG SAMSTAG SONNTAG

Uhrzeit	Sendung	Programmplatz auf der Fernsteuerung

Meine Lieblingssendungen am

MONTAG DIENSTAG MITTWOCH DONNERSTAG FREITAG SAMSTAG SONNTAG

Uhrzeit Sendung Programmplatz auf der Fernsteuerung

Meine Lieblingssendungen am

MONTAG DIENSTAG MITTWOCH DONNERSTAG FREITAG SAMSTAG SONNTAG

Uhrzeit Sendung Programmplatz auf der Fernsteuerung

Meine Lieblingssendungen am

MONTAG DIENSTAG MITTWOCH DONNERSTAG FREITAG SAMSTAG SONNTAG

Uhrzeit Sendung Programmplatz auf der Fernsteuerung

Meine Lieblingssendungen am

MONTAG DIENSTAG MITTWOCH DONNERSTAG FREITAG SAMSTAG SONNTAG

Uhrzeit	Sendung	Programmplatz auf der Fernsteuerung

Meine Lieblingssendungen am

MONTAG DIENSTAG MITTWOCH DONNERSTAG FREITAG SAMSTAG SONNTAG

Uhrzeit Sendung

Programmplatz auf der Fernsteuerung

Meine Lieblingssendungen am

MONTAG DIENSTAG MITTWOCH DONNERSTAG FREITAG SAMSTAG SONNTAG

Uhrzeit Sendung Programmplatz auf der Fernsteuerung

Meine Lieblingssendungen am

MONTAG DIENSTAG MITTWOCH DONNERSTAG FREITAG SAMSTAG SONNTAG

Uhrzeit Sendung Programmplatz auf der Fernsteuerung

Meine Lieblingssendungen am

MONTAG DIENSTAG MITTWOCH DONNERSTAG FREITAG SAMSTAG SONNTAG

Uhrzeit **Sendung** Programmplatz auf der Fernsteuerung

Meine Lieblingssendungen am

MONTAG DIENSTAG MITTWOCH DONNERSTAG FREITAG SAMSTAG SONNTAG

Uhrzeit Sendung

Programmplatz auf
der Fernsteuerung

Meine Lieblingssendungen am

MONTAG DIENSTAG MITTWOCH DONNERSTAG FREITAG SAMSTAG SONNTAG

Uhrzeit Sendung Programmplatz auf der Fernsteuerung

Meine Lieblingssendungen am

MONTAG DIENSTAG MITTWOCH DONNERSTAG FREITAG SAMSTAG SONNTAG

Uhrzeit Sendung

Programmplatz auf der Fernsteuerung